CHRONIQUE BONAPARTISTE

SCANDALEUSE

Bruxelles. — Imprimerie COSMOPOLITE, Grand'Place, 14.

LA

CHRONIQUE BONAPARTISTE

SCANDALEUSE

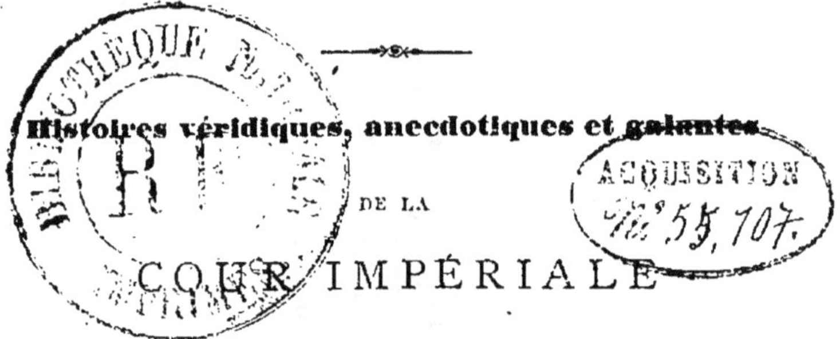

Histoires véridiques, anecdotiques et galantes

DE LA

COUR IMPÉRIALE

PAR

Pierre SILEX

BRUXELLES

V. PUISSANT, ÉDITEUR

14, Grand'Place, 14.

1871

DÉPOSÉ.

AU LECTEUR.

SOUS le règne de Napoléon III, alors que le théâtre était soumis à la censure la plus rigide et que la presse était muselée, il fallait bien que l'esprit français, ce vieux coq gaulois qui ne veut pas mourir, trouvât une autre issue.

I

Le trait vif, l'anecdote piquante couraient les salons parisiens. On se répétait de bouche en bouche ce qu'on ne pouvait imprimer et c'était surtout dans ce monde officiel, objet de la satire que celle-ci était plus favorablement accueillie.

Ce recueil anecdotique ne peut être qu'incomplet. On ne peut tout retenir, mais il est bon néanmoins de consigner ce que l'on sait de ces traits mordants, de ces histoires scandaleuses qui ont marqué une époque. Le temps pourrait les jeter dans l'oubli ou leur faire perdre de leur authenticité en les appliquant plus tard à d'autres personnalités.

Enfin, pour ne rien lui enlever de son véritable caractère, cet opuscule doit contenir quelques propos d'un goût douteux ou quelques mots graveleux. Les uns et les autres trouvent naturellement leur place dans un récit de ce qui se passait à la prétendue cour impériale.

P. P.

LA

Chronique Bonapartiste

SCANDALEUSE

PAR la bourse de miss Howard, les craintes des conservateurs en général, et des légitimistes en particulier, le prince errant Louis Bonaparte avait fait le coup d'Etat de Décembre.

Devenu César, Napoléon eut besoin d'argent. Les juristes Troplong et Dupin consultés, les biens de la famille d'Orléans furent confisqués, et Paris de dire :

C'est le premier *vol* de l'aigle!

* * *

Ainsi que Dieu avait trouvé qu'il n'était pas bon que l'homme fut seul au paradis, Napoléon III eut besoin d'une compagne aux Tuileries. On sait où il fut chercher la comtesse de Théba.

Le mariage se fit, et dans la capitale on se répétait à l'oreille une lettre de la reine d'Angleterre, adressée en ces termes au souverain français :

« Mon cher cousin, je t'envoie l'Ordre de la Jarretière pour relever *tes bas*. »

* * *

Comme l'impératrice Eugénie était plus blonde que la favorite de Fortunio, l'esprit parisien avait trouvé la raison suivante au choix de l'Empereur :

« Il l'a prise blonde parce que la consigne est de fermer les grilles des Tuileries à la *brune*. »

*
* *

Le prince Napoléon n'est pas brave, chacun sait ça! Il paraît que l'Altesse Impériale, général pour la circonstance, le prouva en Crimée. Comme ses chausses portaient des traces de sa bravoure, l'empereur cousin dut le rappeler en France.

On dit alors qu'à son passage à Lyon, S. Em. le cardinal de Bonald l'avait harangué de la sorte :

« Votre Altesse a fait plus que si elle avait *vaincu*, et désormais elle peut s'en aller en paix! »

Depuis son retour de Crimée, le fils de Jérôme ne s'appela plus que Craintplomb.

L'esprit parisien consacra encore son courage par ces deux vers :

Cambronne a dit le mot
Craintplomb a fait la chose.

***

Pourtant il vint un jour où l'hôte du Palais-Royal voulut prendre femme. Après un refus essuyé en Belgique près de la princesse Charlotte, née aussi pour de tristes destinées, le prince Napoléon épousa la fille de Victor Emmanuel.

On parlait à Paris, sans la connaître, de la beauté de la princesse Clotilde. Pour le peuple elle était la fleur des *pois sardes*.

***

On ajoutait qu'elle n'aimerait ni son mari, ni le séjour du Palais-Royal et qu'elle regretterait l'*amant sarde*.

*
* *

Non content d'être général et marié à la fille d'un roi légitime, Craintplomb brigua les palmes oratoires. A l'occasion d'un discours au Sénat, le duc d'Aumale, lui adressa la brochure : *Une lettre sur l'histoire de France.*

Craintplomb fit alors semblant de se croire offensé. Pendant deux jours on parla d'une provocation, d'une rencontre à Londres ou à Bruxelles, mais le prince ne quitta pas le Palais-Royal.

L'esprit parisien salua cette nouvelle lâcheté par le quatrain suivant :

> Pour une lettre sur l'histoire,
> Prince il ne faut point partir,
> Dans la crainte de convertir
> Un champ d'honneur en champ de *foire*.

On se rappelle le scandale que fit à Paris la brochure du duc d'Aumale.

Imprimée chez Beau, à Saint-Germain-en-Laye, cette terrible brochure, restée deux jours sans être coupée sur le bureau de M. Arthur de La Guéronnière, alors directeur de la presse, sema la discorde dans tous les camps.

M. de La Guéronnière perdit sa place, mais on le fit sénateur.

La brochure ne demeura en vente que vingt minutes. Mise en étalage sous les galeries de l'Odéon à quatre heures et demie du soir, à cinq heures elle valait 50 francs.

Tout le monde voulait la lire.

Le soir, sur le boulevard, un agent orléaniste la donnait gratuitement aux passants.

Bien que depuis 1852 les sénateurs se soient toujours endormis sur leurs chaises curules du palais du Luxembourg, le scandale de la brochure d'Aumale arriva jusqu'à eux. Ils voulurent connaître cette œuvre *impie*, mais le bureau des distributions ne put la mettre à leur disposition.

Parmi les plus curieux, le baron de Chapuys-Montlaville, surnommé cher ami ou poignée de main, à cause de sa facilité à tendre sa dextre, ne cachait pas son désir de goûter au fruit défendu.

*
* *

Un soir qu'il descendait rêveur la rue de Tournon, il emmena dîner chez lui un jeune étudiant porteur de la brochure et qui ne voulait s'en dessaisir sous aucun prétexte.

Autour de la table quatre couverts : le baron de Chapuys-Montlaville, son fils, ex-sous-préfet, célèbre par l'enlèvement d'une femme mariée, l'étudiant et le procureur général près la cour de Rouen, M. Massot, que le dernier décret du gouvernement de la défense nationale vient de casser aux gages comme premier président de la même cour.

Au dessert on lut la brochure. Pendant la lecture on entendait un trio de soupirs.

Tout à coup le baron père, n'y tenant plus, s'écria : Ce peut-il qu'un prince de la famille, *que nous avons tous servie*, puisse écrire de semblables horreurs !

La réflexion était comique mais elle le sera bien davantage lorsque M. Chapuys-Montla-ville, baron, sénateur, reprendra du service près des d'Orléans.

La princesse Mathilde, assure-t-on, a le culte du sexe fort. Nul ne sait d'où lui viennent ses connaissances profondes dans l'art statuaire, mais elle aime les beaux hommes, et bien des fois, en pénétrant aux Tuileries, on la vit contempler avec admiration la magnifique prestance des cent-gardes.

Un jour qu'elle assistait dans la tribune impériale à une revue au Champ-de-Mars, les co-invités remarquèrent qu'après le défilé des carabiniers et des cuirassiers, elle se retirait dans le fond de la tribune.

Eh quoi! lui dit alors un des spectateurs, Votre Altesse ne veut pas contempler les zouaves ces vainqueurs de l'Alma et de Solférino ?

Bast! aurait répondu Mathilde, *avec leurs larges culottes, on ne sait jamais ce qu'ils pensent!*

Dans son hôtel de la rue de Courcelles la même Altesse se plaisait à l'audition des propos les plus graveleux.

Parmi les intimes, c'était à Prosper Mérimée qu'était réservé le rôle de chercheur. Il s'informait de tous les mots nouveaux et n'avait rien de plus pressé que de les narrer à sa haute protectrice.

*
* *

Après la famille, passons aux serviteurs du Maître.

Dans le voyage du prince Louis à Bordeaux, le préfet de cette ville avait su habilement placer dans son discours, les mots : le Prince, notre Maître. Le courtisan présidentiel devint le favori de l'Empire. Sénateur, préfet de la Seine, M. le baron Hausmann démolissait, bâtissait et redémolissait à sa guise. Ce n'est pas ici le lieu de discuter ses arrêtés d'expropriation.

Après avoir bouleversé Paris un peu partout, le seigneur de l'hôtel de ville songea au jardin du Luxembourg. Les habitants du quartier crièrent à la profanation; des pétitions furent adressées au Sénat, et MM. les sénateurs s'émurent. Il s'agissait de la démolition de la pépinière et du déplacement de la statue de Velléda.

Un matin on trouva sur le piédestal de cette gracieuse statue, les vers suivants écrits à la craie :

> Velléda, ma pauvre fille,
> Fais ton paquet, prends ta faucille,
> Crois-moi retourne au fond des bois
> Cueillir le gui comme autrefois.
> Par ordre de l'autorité,
> On t'exproprie
> Mais remercie,
> C'est dans un but d'utilité,
> Dans ce jardin tout dévasté
> Que le meurtre soit accompli,
> Le peuple sera consulté,
> Quand on aura tout démoli.
> Du roi maçon de son armée
> Le flot montant vient jusqu'à toi,
> Vers ta demeure parfumée,
> Il vient, il court, ah ! sauve toi !

Les gardiens n'avaient rien vu la veille à la fermeture des grilles, et le lendemain on trouvait des vers. O miracle ! était-ce la prêtresse ? Nul ne l'a jamais su, mais M. Hauss-mann a détruit la pépinière !

2.

*
* *

Ce même M. Haussmann n'avait pas seulement des querelles et des déboires avec ses administrés. La guerre et la discorde entrèrent un jour à son logis. Voici dans quelles circonstances,:

En assistant à la représentation d'un ballet à l'Opéra, le préfet de la Seine, qui pénétrait aisément dans les coulisses, distingua un rat du corps de ballet.

Quelques mois après ce même rat abandonnait la chorégraphie pour débuter au Vaudeville. La haute protection de M. Haussmann entr'autres se manifestait sous cette forme.

Hélas! le bonheur est de courte durée. Ces amours cachées firent des jaloux, et un matin Mme Haussmann, éclairée par une lettre anonyme, abandonnait avec sa fille le toit conjugal, non pour se retirer sous sa tente, mais à Bordeaux dans sa famille.

*
* *

M. Haussmann ignorait les causes de ce départ précipité. Il écrivit, et ces lettres furent d'abord renvoyées. Enfin, après quelques rigueurs, la femme se plaignit de l'infidélité du baron. Mais celui-ci cria à la calomnie.

Eh quoi ! on avait pu le soupçonner quand ses intentions étaient pures, que son dessein était aussi clair que le compte de la ville de Paris ! Revenez, revenez vite, épouse timorée et jalouse, tout vous sera expliqué et vous reconnaîtrez votre erreur !

*
* *

Mme Haussmann rentre à Paris. Dès son arrivée, son mari s'excuse d'avoir gardé trop longtemps un secret qui n'était pas le sien. Mais aujourd'hui il dira tout.

Son frère mourant a laissé à sa protection le fruit d'un amour passager. Il s'agit de veiller sur cette nièce naturelle, et voilà ce qui explique les relations toutes paternelles qui existent entre le préfet et l'actrice du Vaudeville.

M. Haussmann, quelques jours après, présentait sa nièce à l'hôtel de ville. Depuis on a vu dans le boudoir de Mme Haussmann et parmi les portraits de famille, la photographie de Mlle Cellier, artiste dramatique.

*
* *

On se rappelle les hommes de l'Empire ; ils s'appelaient : Billault, Rouher, Troplong, Baroche, Persigny, Boitelle, Piétri, Rouland, Delangle, Magne, Fould, Vaillant, Chasseloup-Laubat, Forcade-Laroquette, Walewski, Randon, Haussmann.

A l'époque de la condamnation de Dumolard, Paris s'égaya de l'histoire suivante, composée avec les noms qui précèdent.

*
* *

" Dumolard a été convaincu de crimes nombreux ; c'est un *fort cas de* (1) condam-

---

(1) Forcade.

nation. Mais comme la loi française ne permet pas de le *rouer* (1), il a été condamné à mourir sur l'échafaud. Un peintre a été envoyé à la prison pour conserver les traits du monstre, maintenant il *va l'esquiss*er (2) : Pi*ètre I*mage ! (3)

Le jour de l'exécution arrivé, dès que *l'aube a*pparaît (4), chacun se dit *rendous-*nous (5) à *La Roquette* (6).

De l'angle (7) de chaque rue on voit venir une *foule* (8) *d*e monde, et pour qu'il n'arrive pas d'accident, on a mis des *barres aux che-*mins (9) qui avoisinent.

Enfin, Dumolard apparaît calme et *vail-*lant (10), son confesseur qui lui em*boîte le* pas (11), l'exhorte ; puis le révérend *père si-*gn*i*fie (12) au bourreau de n'être pas *trop long* (13). Aussi, dès que l'assassin a la tête sur le *billaud* (14), elle tombe en *roulant* (15) sur les degrés de l'échafaud.

Alors la foule entonne un *magn*ificat (16) et

---

(1) Rouher ; (2) Walewski ; (3) Piétri ; (4) Laubat ; (5) Randon ; (6) Forcade Laroquette ; (7) Delangle ; (8) Fould ; (9) Baroche ; (10) Vaillant ; (11) Boitelle ; (12) Persigny ; (13) Troplong ; (14) Billault ; (15) Rouland ; (16) Magne ;

se retire après avoir jeté les *ossements* (1) à la
Seine. "

***

Voici ce que Paris pensait des capacités
financières de M. Fould :

Prenez lui l'*l* (aile) pour voler, le *d* (dé) pour
jouer, il reste *fou*.

***

Le monde officiel s'occupa longtemps de
la vie galante de la femme d'un ministre de
l'intérieur, ex-sous-officier devenu duc sous
l'empire.

Cette jolie cocotte plaçait comme secrétaire près de son crédule mari ceux à qui elle
donnait son cœur pour un bail de bien courte
durée.

Un matin, le ministre s'aperçut de la fuite
de madame. Il fit en vain courir ses émis-

---

(1) Haussmann.

saires dans toutes les directions, sa femme était introuvable.

Ayant reconnu son impuissance pour retrouver la trace de l'infidèle, le ministre s'adressa au préfet de police, Piétri Ier.

— Gageons, lui dit alors le Corse sceptique, que vous n'avez point regardé sous votre secrétaire?

Le mot obtint un grand succès dans ce monde si friand de propos graveleux.

* *
*

Quelques jours après l'épouse fugitive revint au bercail, et son retour précéda de près sa rupture avec son amant.

Le secrétaire avait commis un crime. En conduisant au bois une ravissante paire de poneys que lui prêtait sa maîtresse, il les laissa choir et les couronna autrement que de roses.

Mais pour mettre à la porte un secrétaire, que l'on avait trouvé jusqu'alors aussi parfait, il fallait un prétexte : on en fit un député.

*
* *

Les bals parés, costumés et masqués Waleswki amenèrent tout Paris dans les salons du ministère d'Etat. On s'y livrait à l'intrigue innocente et LL. MM. l'empereur et l'impératrice y paraissaient quelquefois sous le masque.

A cette même époque, un jeune sous-préfet du voisinage de Paris méritait tous les éloges de ce monde comme conducteur de cotillon.

Au bal masqué Waleswki, le sous-préfet sentit tout à coup une main de femme se poser timidement sur son bras. C'était un ravissant domino. O bonheur! il allait être intrigué!

— Sous-préfet, lui dit alors une voix féminine, tu es toujours à Paris, que fais-tu donc de ta sous-préfecture?

— Je l'abandonne.

— Mais s'il y arrivait une révolution?

— J'ai un secrétaire qui me remplace.

— S'il éclatait un incendie?

— Alors je prendrais le chemin de fer, et, arrivé à B..., je ferais comme Gulliver.

Le domino se retira vivement offusqué. C'était l'impératrice, qui n'entendait pas raillerie sur les convenances. Dame, en vieillissant !...

A ces mêmes bals du ministère d'Etat, un masque intriguait tous les invités. Seul il demeurait impénétrable alors que personne ne pouvait conserver son incognito devant lui. Il nommait chacun sans jamais commettre d'erreur.

Le général Fleury, recouvert d'un costume oriental, voulut, lui aussi, tenter l'aventure.

— Qui suis-je? demanda-t-il à ce mysté-rieux personnage.

— Tu es magistrat, lui fut-il répondu.

Heureux d'avoir trompé la sagacité de son interlocuteur, le général se démasque devant une assistance nombreuse.

— Tu vois bien, lui dit alors son terrible partenaire, je ne me suis pas trompé, tu es bien magistrat, car chacun sait que tu es pro-cureur impérial !

***

La mort du duc de Morny est toujours demeurée mystérieuse. Sans être officielle-ment malade le pauvre duc succomba, et Paris apprit son décès presque en même temps que sa maladie.

Les bruits les plus contradictoires coururent sur cette fin précipitée. On parla d'un duel que le duc jaloux aurait eu avec un anglais, au sujet de madame la duchesse. Mais comment conserver une pareille pensée, lorsque celle-ci eut déposé, à la mode russe, dans le cercueil de son mari, cette partie de la chevelure que l'on renouvelle aisément en s'adressant aux coiffeurs?

Quoiqu'il en soit, on se demanda longtemps quel serait l'heureux mortel qui remplacerait sur le fauteuil présidentiel ce fils du comte de Flahault, qui ne portait ni le nom de son père ni celui de son auguste mère.

La nomination de M. Waleswki, dont l'acte de naissance présentait aussi certaines irrégularités, vint faire cesser l'incertitude. Paris accueillit cette nouvelle par le vers de Destouche :

" Chassez *le naturel*, il revient au galop. "

*
**

La rudesse militaire du maréchal Pélissier, duc de Malakoff, était proverbiale.

Dans le temps où l'on préparait aux Tuileries l'expédition de Chine, qui livra aux Français Pékin et le palais d'été, Pélissier obtint une audience de Napoléon III.

Entr'autres propos l'empereur demanda au maréchal un conseil, en lui avouant qu'il destinait le commandement de l'armée expéditionnaire au général Cousin-Montauban.

— Vous avez raison, sire, répondit le vainqueur de Sébastopol. C'est bien Cousin-Montauban qui est le plus capable de prendre le *magot*.

*
* *

Le maréchal Pélissier n'avait pas le monopole de l'esprit.

A un diner au palais du Luxembourg, chez le grand référendaire d'Hautpoul, la marquise, qui faisait les honneurs du palais, se trouvait placée à table entre le cardinal Donnet, archevêque de Bordeaux et M. le baron de Lacrosse, secrétaire du Sénat.

— Marquise, dit le maréchal Magnan, vous ne pouvez manquer d'être bien placée au ciel.

Vous êtes déjà sur la terre entre la *mitre* et
la *crosse*.

—

***

Ce même Pélissier, duc de Malakoff, avait
un caractère d'une violence inouïe.

Il existe aux archives du ministère de la
guerre un ordre du jour par lequel il est
défendu au colonel Pélissier, de l'armée
d'Afrique, de porter une canne, vu le mau-
vais usage qu'il en fait.

Cet ordre du jour fut motivé par l'anecdote
suivante :

Le colonel Pélissier prenait ses repas dans
un des meilleurs cafés d'Alger. Un matin
qu'il déjeûnait, le garçon servit à l'irascible
militaire un superbe plat d'épinards.

Soit que Pélissier n'aimât les épinards que
sur ses épaulettes, soit que le mets servi
n'eût pas un aspect agréable, il insulta le
garçon qui le servait.

Celui-ci répondit quelques paroles, et le
colonel, saisissant sa canne, lui administra

une correction telle que le garçon fit une plainte et obtint la justice que l'on sait.

On ajoute, en outre, que le plat d'épinards, pendant la bataille, avait été s'appliquer sur la poitrine du colonel.

Vainqueur de Sébastopol, le maréchal touchait de la France et de la Russie une dotation reversible sur la tête d'un enfant mâle.

Célibataire ou veuf, le maréchal songea à prendre femme. Il la reçut des mains de l'Impératrice. Au bout d'un an Pélissier était père d'une fille. Grande joie sans doute, mais l'enfant ne remplissait pas les conditions stipulées dans la dotation. Le maréchal n'en recevait pas moins les félicitations d'un chacun.

Son nombreux état-major, ne voulant pas être en reste de congratulation, se présenta un matin chez son illustre supérieur.

S... n... de Dieu ! s'écria le bouillant militaire, si dans un an je n'ai pas un fils, je vous f...lanque tous à la porte !

Pendant un de ses interrègnes au gouvernement général de l'Algérie, le maréchal Pélissier occupa, à Paris, le poste de chancelier de la Légion d'honneur.

Un jour on le vit dans la cour du petit hôtel de la rue de Lille poursuivre, une canne à la main, la femme de chambre de sa femme.

Le colonel, devenu maréchal, avait conservé son caractère.

*
* *

On se souvient du séjour que faisait tous les ans la cour impériale dans la résidence de Compiègne.

Cette année-là, un des invités, Vivier, le célèbre cor, faisait par son instrument et par son esprit les délices de la cour.

Un matin Vivier se promenait seul dans le parc. Au détour d'une allée il rencontre l'hôte impérial. On sait que Napoléon III fumait toujours. Il offrit un cigare au spirituel artiste.

— Sire, je vous remercie.

— Mais il me semble, répondit l'empereur, que je vous ai vu fumer. Hier, n'avez-vous pas accepté un cigare de Mocquart ?

— C'est vrai, sire, répondit Vivier, je pouvais recevoir un cigare de M. Mocquart, mais de Votre Majesté je ne puis accepter qu'un bureau de tabac.

L'empereur avait compris et la sœur de Vivier fut dotée d'un bureau de tabac.

La publication des papiers secrets a montré la quantité de platitudes par lesquelles la courtisanerie de certains littérateurs avait acceuilli l'envoi de l'*Histoire de César*, par Napoléon III.

On a attribué à Ponsard le vers suivant :

Mortuus est vivus : narratur Cæsare Cæsar !

*   **
* * **

Lorsqu'il s'agissait, aux Tuileries, de la grave question de l'occupation de Rome par les troupes françaises, le ménage impérial ne vivait pas dans une harmonie parfaite.

Napoléon-Badinguet, fils aîné de l'Église, n'était pas pour la papauté ; il se voyait avec peine forcé de se priver des baïonnettes qu'il envoyait à Rome alors qu'il en avait tant de besoin pour se maintenir au pouvoir.

Eugénie de Montijo, en véritable Espagnole, voulait mériter la Rose d'or du Saint-Père. Elle se prononçait hautement pour Pie IX.

*   **
* * **

Au milieu de ce double courant d'idées contradictoires, le jeune prince Louis était surtout sermoné par sa mère. Aussi le bambin impérial était-il partisan de son parrain.

Un jour que l'Empereur se rendait à un conseil ministériel, où la question romaine allait être tranchée, le jeune Louis se précipita dans les bras de l'Empereur, son père, en lui disant : « Ne faites point de peine à mon parrain. »

L'Empereur repoussa violemment sa progéniture par ces paroles : « Va-t-en dans les cotillons de ta mère.

Quelques jours après l'Impératrice partait pour un voyage en Écosse. Était-ce toujours la conséquence de ce dissentiment entre les augustes époux ? D'autres ont imputé ce voyage à la jalousie de l'Impératrice à l'égard de Mme de Castiglione.

Le marquis d'Hautpoul, après avoir été officier sous le premier empire, aide de camp du duc d'Angoulême après 1815, général sous la restauration, général de division, député, pair de France sous Louis-Philippe, devint sous l'empire gouverneur de l'Algérie et grand référendaire du Sénat.

Les services qu'il avait rendus à Louis Bonaparte méritaient bien une semblable récompense. N'avait-il pas, alors qu'il commandait le camp de Satory, grisé ses soldats, et ceux-ci dans un état de reconnaissante ivresse n'avaient-ils pas crié vive l'empereur à l'aspect de celui qui n'était encore que président ?

De semblables services ne s'oublient pas. D'Hautpoul fut logé au Luxembourg avec un traitement de quatre-vingt mille francs.

Un malheureux s'adressa un jour au grand référendaire pour obtenir une modeste place :

— Je ne puis rien pour vous, dit celui-ci, parce que vous avez été volontaire royal.

— Mais si j'ai été volontaire royal, lui répondit son interlocuteur, je ne suis rien maintenant, et vous qui avez servi tant de gouvernements, vous êtes grand référendaire du Sénat pour avoir été *grand tavernier* à Satory.

Mme de Castiglione avait été disgraciée. Les actrices en renom avaient eu la faveur du maître. La cour n'offrait aucune primeur. Napoléon III s'ennuyait. Il jeta les yeux sur une écuyère de l'Hypodrome, Marguerite Bellanger.

Les familiers organisèrent un rendez-vous.
Dès qu'elle se trouva en présence de l'empereur, Marguerite se plaça familièrement sur les genoux de son sultan. Celui-ci, peu timide pourtant, paraissait ému.

Prenant entre ses doigts effilés le croc légendaire de la moustache impériale, Marguerite s'écria :

Eh quoi, je fais trembler celui devant qui tremble l'Europe !

Les papiers secrets du second empire ont prouvé que l'écuyère devait susciter plus tard d'autres craintes à son amant.